BEI GRIN MACHT SICH IHR WISSEN BEZAHLT

AF141516

- Wir veröffentlichen Ihre Hausarbeit,
  Bachelor- und Masterarbeit

- Ihr eigenes eBook und Buch -
  weltweit in allen wichtigen Shops

- Verdienen Sie an jedem Verkauf

Jetzt bei www.GRIN.com hochladen und kostenlos publizieren

Alexander Kauther, Paul Wirtz

Paul und Otto Timm

Heft 13 aus der Dokumentenreihe über den Flugplatz Berlin-Johannisthal 1909-1914

GRIN Verlag

Bibliografische Information der Deutschen Nationalbibliothek:

Die Deutsche Bibliothek verzeichnet diese Publikation in der Deutschen National-
bibliografie; detaillierte bibliografische Daten sind im Internet über http://dnb.d-
nb.de/ abrufbar.

Impressum:

Copyright © 2012 GRIN Verlag GmbH
Druck und Bindung: Books on Demand GmbH, Norderstedt Germany
ISBN: 978-3-656-14336-9

Dieses Buch bei GRIN:

http://www.grin.com/de/e-book/189933/paul-und-otto-timm

GRIN - Your knowledge has value

Der GRIN Verlag publiziert seit 1998 wissenschaftliche Arbeiten von Studenten, Hochschullehrern und anderen Akademikern als eBook und gedrucktes Buch. Die Verlagswebsite www.grin.com ist die ideale Plattform zur Veröffentlichung von Hausarbeiten, Abschlussarbeiten, wissenschaftlichen Aufsätzen, Dissertationen und Fachbüchern.

Besuchen Sie uns im Internet:

http://www.grin.com/

http://www.facebook.com/grincom

http://www.twitter.com/grin_com

Dokumentenreihe zum Flugplatz Berlin-Johannisthal
1909-1914 – Heft 13

Alexander Kauther - Paul Wirtz

„Paul und Otto Timm"

Es waren nur kurze Sprünge der Brüder Paul und Otto Timm im
Jahre 1910 auf dem Flugplatz Berlin-Johannisthal.

Heft 13
aus der Dokumentenreihe über den
Flugplatz Berlin-Johannisthal 1909-1914.

Paul und Otto Timm

Es waren nur kurze Sprünge der
Brüder Paul und Otto Timm im Jahre 1910
auf dem Flugplatz Johannisthal.

3

Inhalt

Vorwort

Der Johannisthaler Flugplatz - der erste zivile Motorflugplatz Deutschlands - existiert nicht mehr. Er wurde am 26. September 1909 eröffnet und hat im September 1995 mit einer historischen Flugschau endgültig ausgedient.

Heute stehen viele neue Siedlungshäuser auf dem Flugfeld. Fast nichts erinnert mehr an diesen historischen Ort. Kennen die jetzt dort angesiedelten Haus- und Grundstückbesitzer die Geschichten, die mit den Straßen - benannt nach Luftfahrtpionieren - verbunden sind?

Wir bemühen uns mit einer Dokumentenreihe, die Geschichte des Areals sowie die Luftfahrtgeschichte der Jahre 1909-1914 in Berlin-Johannisthal, bekannt zu machen.

Wir bemühen uns mit einer Dokumentenreihe auch den neuen Eigentümern die Geschichte des Areals sowie die Luftfahrtgeschichte nahe zu bringen.

Wir begannen zu recherchieren, nachzulesen und zusammenzutragen. Während unserer Spurensuche hatten wir Kontakt mit vielen uns bisher unbekannten Menschen, die uns ausnahmslos freundlich anhörten und - soweit es ihnen möglich war - aktiv und mit Interesse unterstützten.

Besonders danken möchten wir *Brigitte Grünewald*, die Tochter von *Erich Timm*. Sie übergab 1995 dem Museum Treptow persönliche Unterlagen ihrer Familie und unterstützte uns bei unseren Recherchen.

Dieser Bericht ist keine wissenschaftliche Arbeit und kann auch nicht als vollständiger Lebenslauf betrachtet werden. Sie soll dem interessierten Leser zum Zurückschauen und Erinnern an couragierte Männer dienen.

Zur Vervollständigung und Ergänzung sind wir weiterhin an Erlebnisberichten, Dokumenten und Fotografien über die Familie Timm interessiert.

Berlin-Johannisthal im Februar 2012

Paul Timm

* 12. Oktober 1884 in Berlin
† 12. September 1972 in Berlin

Tätigkeit:	Konstrukteur, Werksmeister
Flugschein:	ohne
Wohnort:	Berlin-Neukölln, Gropiusstadt
Verheiratet:	Elisabeth (1914-1992), keine Kinder

Otto Timm

* 22. April 1872 in Berlin
† 13. November 1937 in Berlin

Tätigkeit:	Maurermeister, Bauunternehmer
Flugschein:	ohne
Wohnort:	Berlin-Neukölln, Karl-Marx-Str. 208
Verheiratet:	Agnes (1873-1946), 2 Söhne (Gerhard und Erich)

Wer waren die Brüder Paul und Otto Timm:

Zu den Anfängen der Geschichte des ersten deutschen Motorflugplatzes in Berlin-Johannisthal gehörten auch die Brüder *Timm*.
Ende 1909 und im Frühjahr 1910 waren auch *Paul* und *Otto Timm* begeistert vom Gedanken Flugzeuge zu bauen und zu fliegen. Es war aber nur eine kurze Zeit und es waren leider nur kurze Sprünge mit den gebauten Flugapparaten.

„Bald nach der Eröffnungsflugwoche im Herbst 1909 waren etliche Schuppen am alten Startplatz, an denen noch die Namen Edwards, Farman, Blériot und die der anderen Teilnehmer prangten, wieder bezogen. Zu den ersten Mietern, die hier bauten und experimentierten wollten, gehörten Bruno Hanuschke, Max Schüler, Hermann Dorner[1] sowie Otto und Paul Timm. Während er (Bruno Hanuschke[2], AK) *anfangs die Brüder Timm in seine Werkstatt aufnahm, um die Schuppenmiete bezahlen zu können, gründete er später eine bescheidene Fliegerschule und bildete selbst seine Schüler aus.*

---

[1] Vgl. Dokumentation Heft 11 „Der Einzelkämpfer Dorner".
[2] Vgl. Dokumentation Heft 5 „Das Küken von alten Startplatz".

Otto und Paul Timm, die sich mit Hanuschke einen Schuppen geteilt hatten, versuchten den Blériot-Eindecker nachzubauen und rüsteten ihn mit einem Haacke-Motor aus. Aber es gelangen damit im Frühjahr 1910 nur kurze Sprünge. Was sie besaßen, hatten sie in diesen Eindecker investiert. Für weitere Versuche, eventuell mit einem anderen Motor, reichte ihr Geld nicht. Sie gaben auf". [3]

Die Brüder *Paul und Otto Timm* hatten <u>keine</u> Flugzeugführererlaubnis.

Im Alter von 26 Jahren versuchte *Paul Timm* mit seinen 12 Jahre älteren Bruder *Otto* im angemieteten Sternschuppen und dann im Flugzeugschuppen Nr. 21 des Flugzeugbauers *Bruno Hanuschke (1892-1922)* Flugapparate zu bauen. In Werksgemeinschaft mit *Hanuschke* arbeiteten die Brüder *Timm* an einem Eindecker, der es schon zu Hopsern brachte. Der Eindecker war aber nicht flugtauglich und weitere Bauversuche scheiterten.

Der Eindecker der Brüder Timm Januar 1910 in Johannisthal. Der Flugapparat mit einem Gewicht von 175 Kg., auch Drachenflieger genannt, kam über kurze Sprünge nicht hinaus. [4]

Ihnen benachbart hatte sich der Franzose *Gabriel Poulain (1884-1953)*, einst ein weltbekannter Radfahrer, angesiedelt, der schnelle Eindecker von leichter, schlanker Bauart herstellte. Er führte das autogene Schweißen in Johannisthal ein. Sein Monteur war der Däne *Hendriksen* und sein Schüler war *Charles Boutard (1884-1951)*, der spätere Ehemann der ersten deutschen Flugzeugführerin *Melli Beese (1886-1925)*.[5]

---

[3] „Als die Oldtimer flogen", Günter Schmitt, Seite 37-40.
[4] Vgl. „Das Buch der deutschen Fluggeschichte" von Peter Supf, Band 1, 1935.
[5] Vgl. „Das Buch der deutschen Fluggeschichte", Peter Supf, Band I, Seite 278.

Paul Timm vor seinem Schuppen am alten Startplatz um 1910.[6]

In den „Teltower Kreisnachrichten" vom 29. Juli 1910 gab es einen Artikel zum Aviatiker *Paul Timm* unter der Rubrik „Luftschiffahrt":

> — Rege Bautätigkeit herrschte in den letzten Tagen auf dem Flugplatz Johannisthal. Der Aviatiker Timm aus Rixdorf hat jetzt seinen Apparat eigener Konstruktion, der bedeutend leichter ist als sein letzter, fertiggestellt und wird demnächst seine Flüge aufnehmen. In derselben Halle ist der Aviatiker Werth mit dem Bau eines Doppeldeckers beschäftigt.

Zum Aviatiker Werth gibt es keine Hinweise auf den Abschluss einer Flugzeugführererlaubnis.

Paul Timm arbeitet ab 1. Mai bei der „Sport-Flieger GmbH, eine Vertretung der „Etrich-Flieger-Werke GmbH" in Berlin. Dort erwarb er sich umfangreiche Kenntnisse beim Bau von Flugapparaten, insbesondere des Typs „Etrich-Taube".

---

[6] Nachlass Paul und Otto Timm, Museumsarchiv Treptow.

Sport-Flieger
G. m. b. H.

Alleinige Vertretung für Deutschland
und die deutschen Kolonien der
Etrich-Flieger-Werke
G. m. b. H.

Bank-Konto:
Deutsche Bank, Depositenkasse R,
Charlottenburg, Kantstraße 162.

Telephon: Amt Kurfürst 4440.

Berlin W. 62, den   3. Mai 1912.
Kleiststraße 41 II.

Herrn

    Paul T i m m ,

        Johannisthal bei Berlin.

    Wir beabsichtigen, Sie ab 1. Mai cr. fest anzustellen, und
zwar werden Sie ein monatliches Gehalt von Mk. 180,- (Einhundert-
achtzig Mark) erhalten, das nach je einem halben Jahr um je Mk.10,-
(Zehn Mark) gesteigert werden soll.

    Ueberstunden werden nur in Ausnahmefällen berechnet und zwar
bei ganz erheblichen Ueberschreitungen der Arbeitsstunden. Es
entscheidet über die Bezahlung von Arbeitsstunden nach der eigent-
lichen Arbeitszeit allein die Direktion nach Anhörung der Fluglehrer.

    Die Kündigungsfrist ist für beide Teile sechswöchentlich.

    Die Arbeitszeit wird für die einzelnen Tage von den Flug-
lehrern festgesetzt.

                  Hochachtungsvoll
                Sport-Flieger G. m. b. H.

Aus dem Nachlass Paul und Otto Timm, Museumsarchiv Treptow.

Paul Timm war vielseitig und Geschäftsorientiert. Noch in Berlin wohnhaft, meldete er am 7. März 1913 gemeinsam mit dem Gastwirt *Johann Cenkl,* wohnhaft gewesen in 12055 Berlin-Neukölln, Hertzbergstr. 2 erfolgreich ein Patent für einen „Naseninhalator" an.

SCHWEIZERISCHE EIDGENOSSENSCHAFT

EIDGEN. AMT FÜR  GEISTIGES EIGENTUM

PATENTSCHRIFT

Nr. 63906   7. März 1913, 7 ³/₄ Uhr p.   **Klasse 116 k**

HAUPTPATENT

Paul TIMM und Johann CENKL, Neukölln (Deutschland).

Naseninhalator.

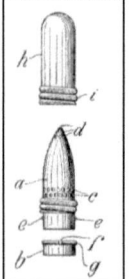

Gegenstand vorliegender Erfindung ist ein Naseninhalator, welcher sich im gebrauchsfertigen Zustand bequem in der Tasche mitführen läßt.

Die Zeichnung veranschaulicht ein Ausführungsbeispiel des Erfindungsgegenstandes, wobei der dargestellte Inhalator in seine Einzelteile zerlegt ist.

Der dargestellte Inhalator besitzt einen Hohlkörper *a,* welcher einerends spitz zuläuft, mit Öffnungen *c* und *d* versehen und lose mit Watte gefüllt ist, die mit einer geeigneten Inhalierflüssigkeit, z. B. mit einer 20 %igen, mit Kiefernadelöl parfümierten und durch 5 % Formaldehydum solutum verstärkten Spiritusmenthollösung getränkt ist. Die Öffnungen *c* und *d* gestatten das Hindurchstreichen der Luft, welche die verdunstende Inhalierflüssigkeit beim Atmen durch die Nase in diese mitführt.

b ist ein Verschlußstück, das bajonettverschlußartig an dem Körper *a,* welcher zu diesem Zweck zwei Auspressungen *e* aufweist, befestigt werden kann. Letztere werden in entsprechende Ausschnitte *f* einer ringförmigen Auspressung *g* eingeführt, worauf das Verschlußstück *b* etwas zu drehen ist.

Um den Inhalator bei Nichtgebrauch abzuschließen, wird eine Kappe *h* auf den Hohlkörper *a* aufgesetzt, welche ebenso wie der Körper *a* mit Gewinde *i* ausgestattet ist.

Sämtliche Teile werden zweckmäßigerweise aus Metallblech, und zwar z. B. aus Aluminium, gepreßt.

PATENTANSPRUCH:

Naseninhalator, gekennzeichnet durch einen einerends spitz zulaufenden Hohlkörper, welcher mit Öffnungen für das Hindurchstreichen der Luft versehen und lose mit Watte gefüllt ist, die mit Inhalierflüssigkeit getränkt ist.

Paul TIMM.
Johann CENKL.
Vertreter: H. KIRCHHOFER
vormals Bourry-Séquin & Co., Zürich.

Patentschrift aus dem Archiv Deutsches Patent und Markenamt München.

Im Juli 1913 erhielt er das Angebot für die „Automobil & Aviatik AG" zu arbeiten und am 4. August 1913 wurde seine dortige Einstellung mit einem Monatsgehalt von 250 Mark bestätigt. Er soll an der Entwicklung und dem Bau eines selbstständigen Flugzeugtyps „Aviatik-Taube" nach dem Etrich-System beteiligt gewesen sein. Sollte der gebaute Flugapparat die neuen Militärbedingungenmit sechs Zylinder Daimler-95-100 PS-Motor erfüllen, würde er einer Gratifikation von 1.000 Mark erhalten und die Fahrtspesen von Berlin nach Mühlhausen im Elsass würden übernommen werden. Im Oktober 1914 wurde seine Vergütung erhöht und er reparierte als Werksmeister in der Abteilung Flugzeugbau in Freiburg im Breisgau Flugzeuge der Heeresverwaltung.

Die „Automobil & Aviatik AG" (abgekürzt Aviatik) wurde 1910 durch Julius Sprengler in Mühlhausen im Elsass gegründet und war vor und während des Ersten Weltkrieges ein Hersteller von Fahr- und Flugzeugen. Aviatik eröffnete 1911 auch eine Niederlassung in Berlin-Johannisthal und gründete 1914 in Österreich-Ungarn die Tochtergesellschaft Österreichische Aviatik.

Bei Ausbruch des Ersten Weltkriegs wurde die Produktion zunächst nach Freiburg im Breisgau und ab 1916 nach Leipzig-Heiterblick verlegt. Im Ersten Weltkrieg war sie eine der bedeutendsten Flugzeugfirmen Deutschlands.

Paul Timm in dem entwickelten Flugzeugtyp" Aviatik-Taube 1912". [7]

Das Schulungsflugzeug hatte eine Gesamtlänge von 8,5 m, Höhe 3 m und eine Spannweite von 11,5 m. Die Höchstgeschwindigkeit war mit einem Argus AS 70-Motor 95 km/h. Mit dem Flugapparat konnte eine Flugdauer von 3 Stunden, eine Flughöhe von 2000 m und eine Reichweite von 180 km erreicht werden.

---

[7] Nachlass Paul und Otto Timm, Museumsarchiv Treptow.

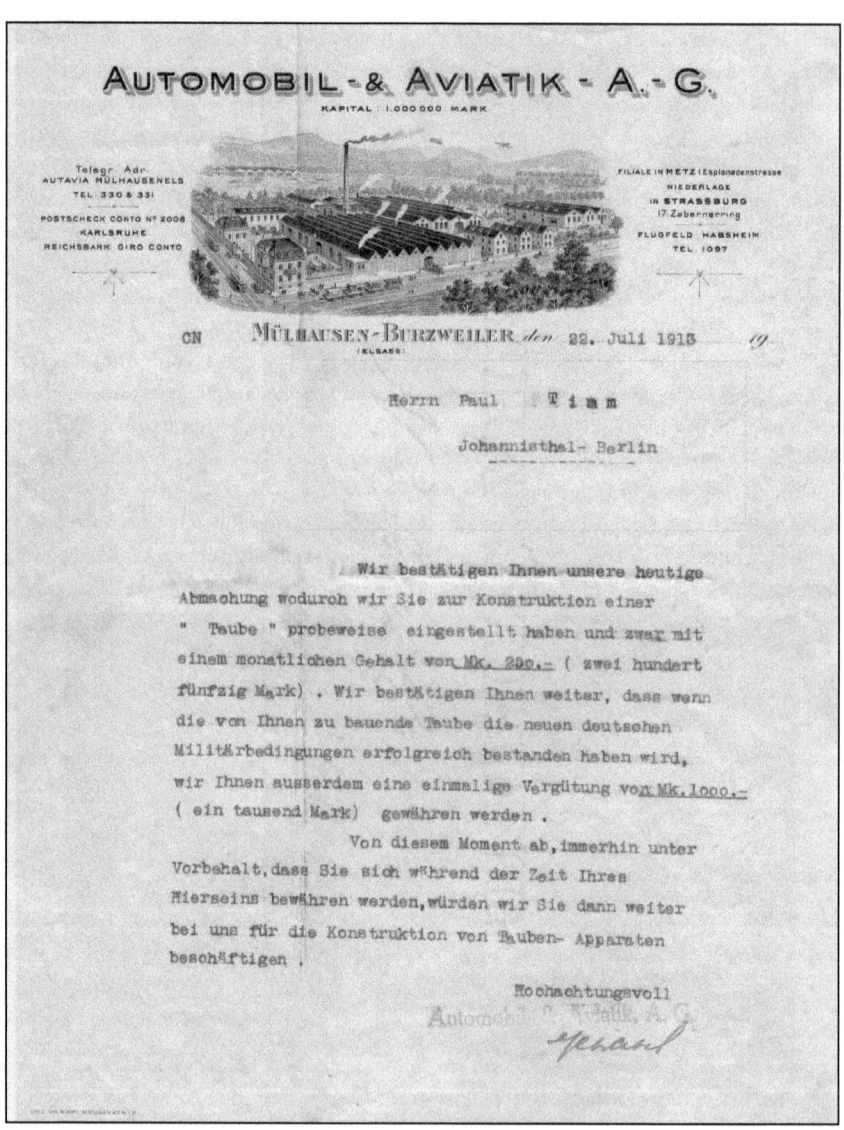

AUTOMOBIL - & AVIATIK - A.-G.

KAPITAL : 1.000.000 MARK

Telegr. Adr.
AUTAVIA MÜLHAUSENELS
TEL. 330 & 331

POSTSCHECK CONTO Nº 2008
KARLSRUHE
REICHSBANK GIRO CONTO

FILIALE IN METZ (Esplanadenstrasse
NIEDERLAGE
IN STRASSBURG
17 Zabernerring

FLUGFELD HABSHEIM
TEL. 1097

CN   MÜLHAUSEN-BURZWEILER *den* 22. Juli 1913   *19*
                 (ELSASS)

Herrn Paul   T i m m

Johannisthal- Berlin

       Wir bestätigen Ihnen unsere heutige
Abmachung wodurch wir Sie zur Konstruktion einer
" Taube " probeweise eingestellt haben und zwar mit
einem monatlichen Gehalt von Mk. 250.- (zwei hundert
fünfzig Mark) . Wir bestätigen Ihnen weiter, dass wenn
die von Ihnen zu bauende Taube die neuen deutschen
Militärbedingungen erfolgreich bestanden haben wird,
wir Ihnen ausserdem eine einmalige Vergütung von Mk. 1000.-
(ein tausend Mark) gewähren werden .

       Von diesem Moment ab, immerhin unter
Vorbehalt, dass Sie sich während der Zeit Ihres
Hierseins bewähren werden, würden wir Sie dann weiter
bei uns für die Konstruktion von Tauben- Apparaten
beschäftigen .

Hochachtungsvoll

Automobil- & Aviatik, A.-G.

Aus dem Nachlass Paul und Otto Timm, Museumsarchiv Treptow.

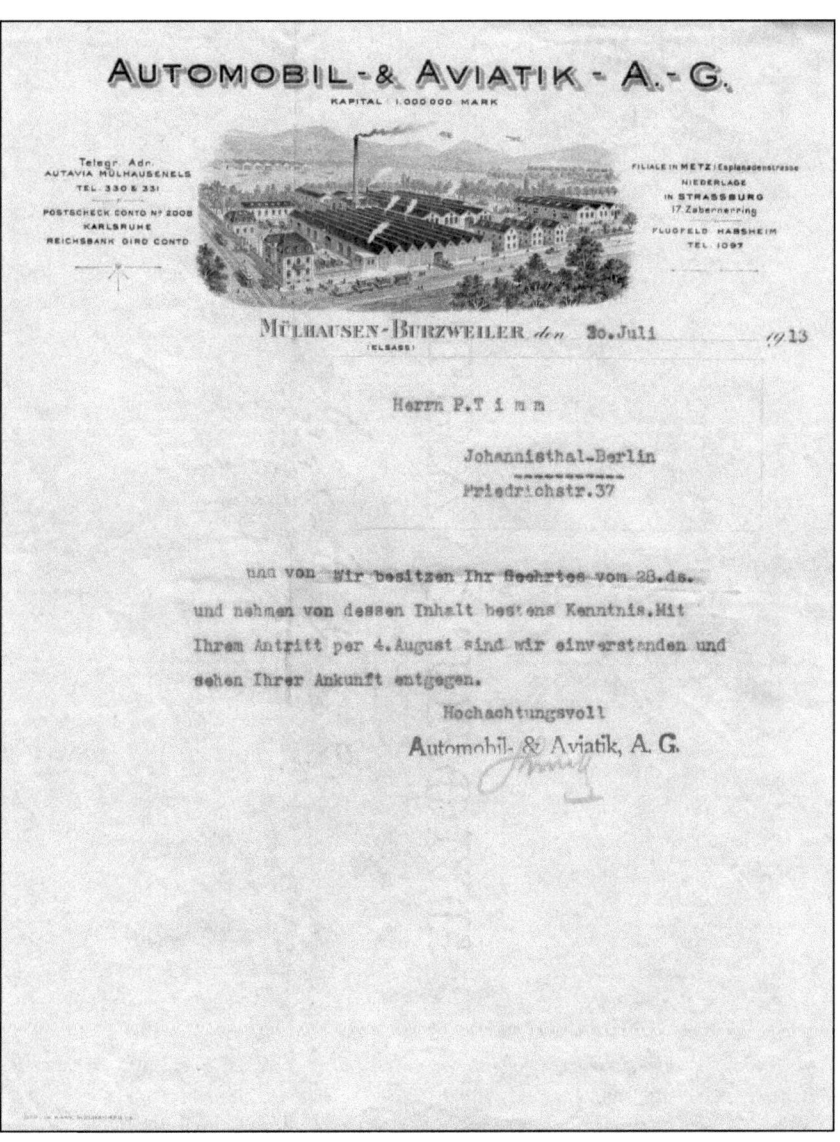

Aus dem Nachlass Paul und Otto Timm, Museumsarchiv Treptow.

Paul Timm mit dem Schweizer Johann Zust (geb. 22.11.1887 in Weiden/b. Appenzell).
Spitzname Boby, auf dem Flugfeld Mühlhausen i. Elsass im September 1913 vor einer
„Aviatik-Taube". Zust wohnte seit dem 4. Oktober 1909 in Mühlhausen, Klosterstr. 10. Er
hatte keine Fluglizenz der Federation Aeronautique Internationale (FAI). Zust und der
Oberingenieur, Flugzeugführer und Fluglehrer bei den Aviatik-Werken, Ernst Schlegel
(1882-1976), mit der Fluglizenz Nr. 209 vom 20. Mai 1912 auf einem Aviatik-Eindecker in
Habsheim, konstruierten gemeinsam 1910 einen Eindecker mit Dürkoppmotor und führten
diesen auf dem Exerzierplatz Konstanz vor. Der Apparat bewährte sich jedoch nicht.

Paul Timm und sein Freund Franz Tolinski

In Johannisthal gab es schon zur Gründerzeit in der Friedrichstraße 17/Ecke Roonstraße das „Restaurant Franz Tolinski". (heute Winckelmannstraße 68/Ecke Haeckelstraße)

1880 wurde der Bau erweitert und 1912 zum bekannten Restaurant und Bruchmuseum „Flieger-Heim Franz Tolinski", dem ersten aviatischen Museum der Welt, umgebaut.[8]

Aufnahme vom Restaurant um 1912.

Franz Tolinski und *Paul Timm* kannten sich offensichtlich gut und waren befreundet. Das Foto zeigt *Franz Tolinski*. Auf der Fotorückseite eine für *Paul Timm* geschriebene Widmung vor dessen Reise nach Habsheim i. Elsass.

Fotoaufnahme ca. 1914.[9]

---

[8] Vgl. Heft 2 aus der Dokumentenreihe.
[9] Museumsarchiv Treptow.

Paul Timm und der Autobau

Mit Beginn seiner Tätigkeit bei der Firma Aviatik zog *Paul Timm* 1914 nach Habsheim (Elsass-Lothringen). Das geht aus Originalrechnungen des Weingroßhandels E. F. Müllenbach in Mühlhausen i. Elsass, Mangestraße 39-37 hervor. Paul ließ sich mehrmals Wein und andere Spirituosen nach Habsheim liefern.

Im Jahre 1915 arbeitete Paul Timm als Werksmeister in der Militärfliegerschule und dem Zweigwerk der Aviatik AG in Leipzig-Mockau. 1916 wurde die Fliegerschule von der Niederlassung in Leipzig-Heiterblick nach der neuen Niederlassung in Bork (Mark) verlegt.

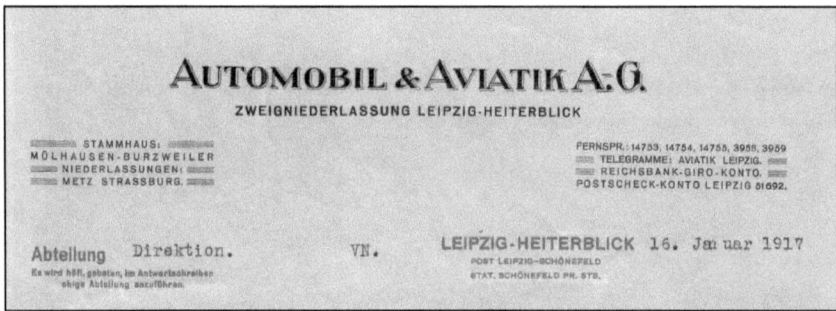

Paul Timm befürchtete, dass er durch die Verlegung bzw. Versetzung nach Bork in Brandenburg seine Stellung als Werksmeister verlieren würde. Da jedoch der Werksmeister *Schmidt* dort nicht mehr tätig war, wurden *Timm* im Januar 1917 die gleichen Arbeits- und Vergütungsbedingungen zugesichert.

Nach dem Ersten Weltkrieg musste die Automobil & Aviatik AG den Flugzeugbau einstellen.

Durch das ausgesprochene Verbot des Versailler Friedensvertrag von 1919, motorisch-betriebene Flugzeuge in Deutschland zu bauen, begann *Paul Timm* sich im Automobilbau zu versuchen.

Aus seinem Nachlass konnte entnommen werden, dass er diese Zeichnung für den Bau seines eigenen Automobiltyps entworfen hat.

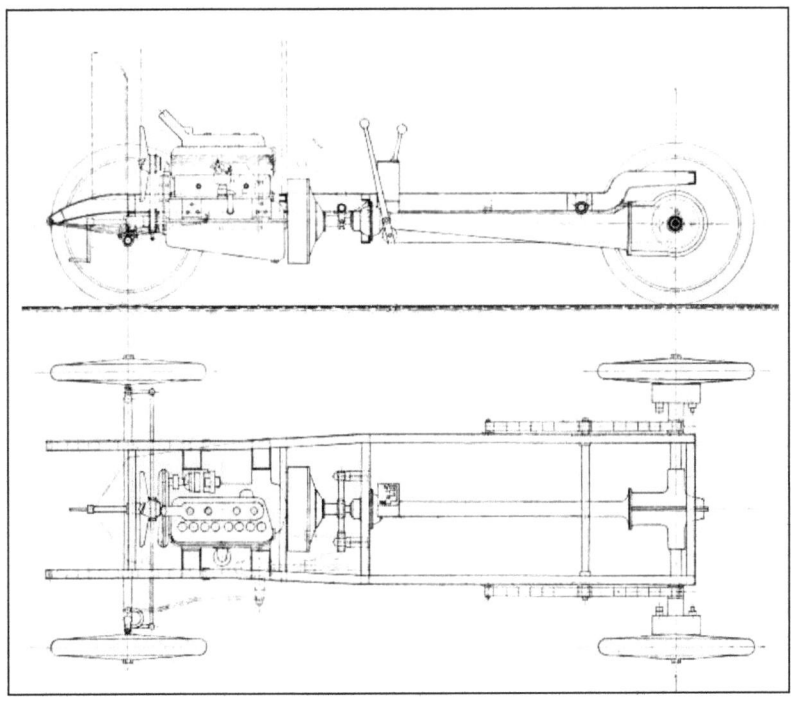

Aus dem Nachlass Paul und Otto Timm, Museumsarchiv Treptow.

Dieses Fahrzeug hat eine Menge interessanter Details, wie das Reiberradgetriebe, Ketten- bzw. Riemenantrieb und die Anordnung der Federn. Diese Bauart wurde auch vom Flugzeugführer mit der FAI Nr. 2 vom 1. Oktober 1910 und späteren Automobilbauer Hans Grade (1879-1946) aus Borkheide verwendet.
Der Schriftzug auf dem Kühler „Tp" deutet auf Timm, Paul hin.

Paul Timm interessierte sich auch für Motorräder. Es ist bekannt, dass er 1917 verschiedene Personen angeschrieben hatte, die in der „B.Z. am Mittag" ein Motorrad zum Kauf suchten. Timm bot sein Motorrad Marke „The Quadrant" zum Verkauf an.

Links Paul Timm[10] vor seinem Motorrad Typ „FN" (Fabrique Nationale d' Guerre aus dem belgischen Herstal) aus der Zeit 1909-1918. Offensichtlich ist diese Aufnahme während seines Aufenthaltes in Frankreich entstanden. Das Kennzeichen „FL.-S.FR." könnte darauf hindeuten.

„Quadrant, das älteste britische Motorrad und die Beste 1900" versprach die Werbung. Ursprung des Namens Quadrant war der patentierte Steuermechanismus eines mit Pedalen angetriebenen Dreirades, mit dem zwei Brüder, Walter (W.J.) und William (W.A.) Lloyd im Jahre 1883 ihre Geschäfte begannen.

Bis 19128 baute Quadrant Motorräder. Vor 1920 entstanden sogar V2-Modelle mit 1129 ccm sowie Einzylinder mit 6754 und 780 ccm Hubraum. Auch das letzte Modell mit neuem Zweizylindermotor, 48 ccm und kopfgesteuerten Ventilen konnte das Unternehmen nicht retten."[11]

[10] Nachlass Paul und Otto Timm, Museumsarchiv Treptow.
[11] www.kradblatt.de

Ebenfalls im Juni 1917 antwortete Paul Timm auf eine Anzeige in der „B.Z. am Mittag" von Max Höft aus Berlin, Schlesischestr. 32. Er erfragt den Kaufpreis für das dort angebotene Motorrad vom Typ „Indian". Vermutlich kaufte Timm das Motorrad.

Aufnahme Paul Timm auf seinem Motorrad Typ „Indian". Links steht ein „Aviatik-Doppeldecker" und eine Luftschiffhalle.[12]

Die Aufnahme entstand auf dem Flugfeld der Automobil & Aviatik AG, Zweigniederlassung auf dem am 23. Juni 1913 durch den *König von Sachsen Friedrich August III. (1865-1932)*, neu eröffneten Flughafen in Leipzig-Mockau. Im Hintergrund ist die damals weltgrößte gebaute Luftschiffhalle und ein Aviatik-Doppeldecker zu sehen. Das Kennzeichen „III-3041" war von 1906-1945 der damaligen Kreismannschaft Leipzig und Polizeipräsidium Leipzig im Land Sachsen zugewiesen. Die Kreishauptmannschaft Leipzig war ein Verwaltungsbezirk im Königreich Sachsen und im späteren Freistaat Sachsen. Die sächsischen Kreishauptmannschaften waren hinsichtlich ihrer Funktion und Größe vergleichbar mit einem Regierungsbezirk.

„Die Indian Motocycle Company, gegründet im Januar 1901 in Springfield (Massachusetts) durch *George Mallory Hendee (1866-1943)* und *Oscar Hedstrom (1871-1960)*, war weltweit der erste Hersteller von Serienmotorrädern und technisch den Konkurrenten seiner Zeit lange überlegen.

---

[12] Nachlass Paul und Otto Timm, Museumsarchiv Treptow.

Der überwiegende Teil der Maschinen von Indian waren großvolumige Zweizylinder-V-Motoren mit Seitenventil-Steuerung in Fahrwerken mit langem Radstand, die eine bequeme, niedrige Sitzposition erlauben. In der äußeren Form und mit ähnlicher Motortechnik hat dieses Konzept bis heute in den Maschinen von Harley-Davidson überlebt.

Eine Indian ist das klassische amerikanische Tourenmotorrad der 1900er bis 1950er Jahre."[13]

Paul Timm besaß und fuhr verschiedene Automobile. Die beiden Fotos[14] zeigen ihn in einem „Amilcar-Sportwagen" französischer Produktion. Das Fahrzeug wurde von 1921 bis 1939 in Saint-Denis, nördlich von Paris, hergestellt und häufig auch in Autorennen eingesetzt.

1906 fasste der Bundesrat den Beschluss über Grundsätze des Kraftfahrzeugwesens, die durch Landesverordnungen ausgeführt wurden. Damit wurden auch polizeiliche Kennzeichen, die Vorschrift des Rechtsfahrens mit Linksüberholen im ganzen Deutschen Reich von 1906-1945 allgemeingültig eingeführt. Das Autokennzeichen IE-51204 war der damaligen Provinz Brandenburg zugeordnet.

In den 30er Jahren war *Paul Timm* technischer Leiter des Golf- und Land- Clubs Berlin-Wannsee e. V.. Noch nach dem Zeiten Weltkrieg war er dort beschäftigt.
Im hohen Alter zog er in die Gropius-Stadt und heiratete 1969 seine sehr junge langjährige Haushälterin *Elisabeth (1914-1992)*. Im Jahre 1972 starb *Paul Timm* mit 88 Jahren.

---

[13] Wikipedia
[14] Nachlass Paul und Otto Timm, Museumsarchiv Treptow.

Sein Bruder Otto Timm

Der älteste Bruder *Otto Timm* hatte Familie, sein Bruder *Paul* nicht.

Als Bauherr, Maurermeister und Eigentümer der bauausführenden Firma, errichtete *Otto Timm* von 1905-1907 ein Haus mit 50 Wohnungen in vier Aufgängen und vier Lagengeschäften in der damaligen Bergstraße 57 in Berlin-Rixdorf (heute 12055 Berlin-Neukölln, Karl-Marx-Straße 208) für seine Familie, bevor er sich mit seinem Bruder *Paul* den „fliegenden Kisten" in Johannisthal zuwandte und ihn dort unterstützte. In diesem Haus wohnten vier Generationen der *Familie Timm*.[15]

Links Erich Timm (Sohn von Otto Timm).

Otto Timm mit Ehefrau Agnes und Sohn Gerhard (geb. 1906) auf dem Balkon.

---

[15] Fotos aus dem Nachlass Paul und Otto Timm, Museumsarchiv Treptow.

Diese Rad-Renn-Bahn[16] wurde unter Mitwirkung von Otto Timm angelegt. Leider gibt es keine Zeitangabe und der Ort ist unbekannt.

Auf der Rückseite des Fotos steht jedoch „Johannisthal, Kaiser-Wilhelm-Str. 45. Zur damaligen Zeit gab es in Berlin 15 Straßen diesen Namens. Es könnte sich vermutlich um damalige Kaiser-Wilhelm-Str. in Berlin-Neukölln gehandelt haben.
Die Familie *Timm* wohnte im Bezirk Neukölln.

Otto Timm war dafür bekannt, immer Neues auszuprobieren. Er unterstützte finanzielle auch die Ideen und Vorhaben seines Bruders *Paul*. Das geschah auf dem Flugplatz beim Konstruieren und Bauen eines Flugapparates und später beim Automobilbau.

Otto Timm pflegte seine Leidenschaften und Hobbys. Durch einige Eskapaden und teilweise einer gewissen Leichtfertigkeit, geriet sein Grundstück in der Bergstr. in eine finanzielle Notlage. Seine Frau *Agnes* war es, die mit ihrer Arbeit und ihrem starken Charakter und ihrer Willensstärke das finanzielle Problem löste und das Eigentum zurückerworben bzw. sicherte.

---

[16] Nachlass Paul und Otto Timm, Museumsarchiv Treptow.

Erich Otto Paul Timm

* 8.Juni 1895 in Berlin
† 28. Juli 1950 in Bad Wiessee am Tegernsee

Tätigkeit:	Architekt
Flugschein:	Flugzeugführerlizenz Nr. 1544
Wohnort:	Berlin-Bohnsdorf, Wohlauerstr. 19
verheiratet:	Betty Anna, geb. Brichmann (1907-1982).
	Sohn (1935-1935),
	Tochter Brigitte Grünewald (1937-jetzt)

Der Sohn von *Otto Timm*, *Erich Timm*, war als 15jähriger oft auf dem Flugplatz Johannisthal bei seinem Vater und bei seinem Onkel *Paul Timm*.

Nach der Volksschule und dem Gymnasium besuchte *Erich Timm* von 1911-1913 und nach dem Ersten Weltkrieg von 1918-1919 in Tageskursen die Abteilung Hochbau in der "Schinkel-Akademie, Inhaber und Leiter Dr. Ing. Arthur Werner, Königlicher-Regierungs-Baumeister a. D. In beiden Fällen erhielt er Abschlusszeugnisse und arbeitete in der Folgezeit als Architekt.

Vom Mai bis Juli 1915 befand er sich in der militärischen Ausbildung im I. Ersatz-Bataillon, Infanterie-Regiment 24, 3. Kompanie, I. Zug.

Erich Timm – Erste Reihe sitzend, vierter von rechts.[17]

---

[17] Nachlass Paul und Otto Timm, Museumsarchiv Treptow.

Am 10. Juli 1916 erwarb er als Militärflieger die Flugzeugführererlaubnis Nr. 1544 des Deutschen Luftfahrer-Verbandes und kam zur Flieger-Ersatz-Abteilung 1.

Flugzeugführerausweis[18]

(x) Erich Timm in der dritten Reihe von unten, vierter von rechts in seiner Stube, der Flieger-Ersatz-Abteilung 1 (FEA) in Altenburg/Thüringen im Jahre 1917.

---

[18] Nachlass Paul und Otto Timm, Museumsarchiv Treptow.

Mitte Oktober 1916 war *Erich Timm* im Hilfslazarett-Schützenhaus in Altenburg/Thüringen untergebracht. Das geht aus einer Postkarte von *Oskar Peter* aus Berlin an Timm hervor[19]:

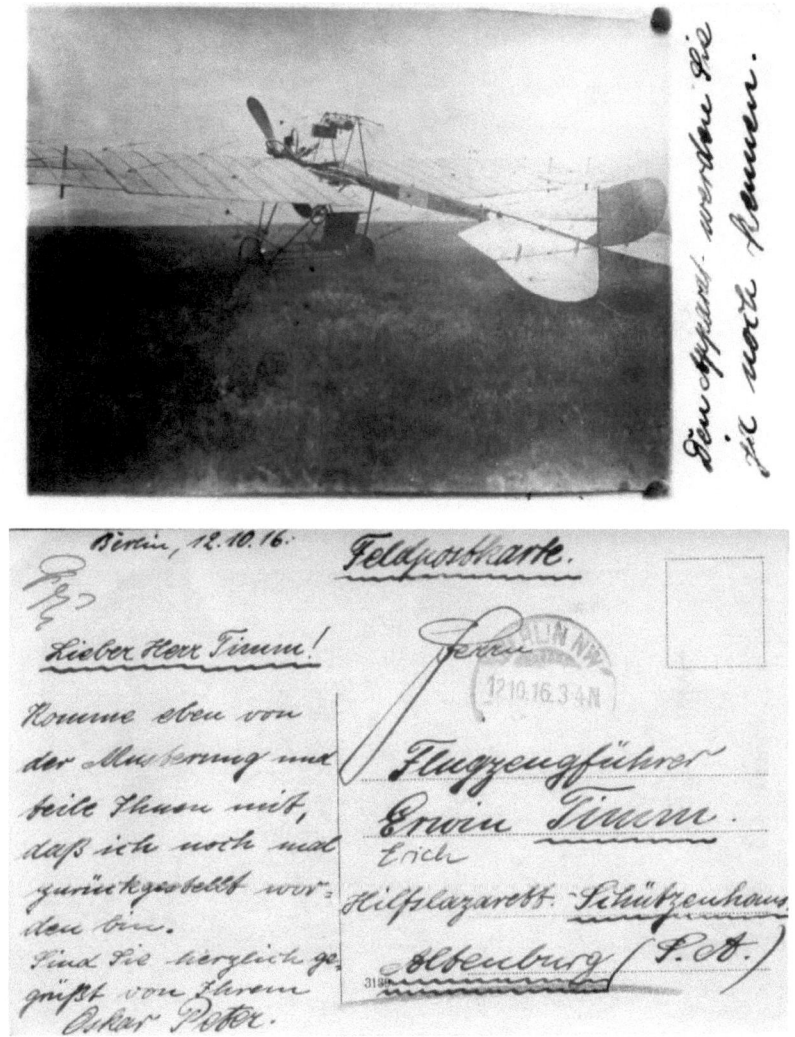

Zum Absender Oskar Peter liegen keine Angaben vor.

---

[19] Nachlass Paul und Otto Timm, Museumsarchiv Treptow.

Die Einheit von *Erich Timm*, die Flieger-Ersatz-Abteilung 1, wurde am 1. August 1914 in Berlin-Adlershof aufgestellt und im Februar 1916 bis Kriegende nach Altenburg in Thüringen verlegt. In den ersten Jahren der FEA wurden das fliegerische Personal, wie Flugzeugführer und Beobachter ausgebildet.

Erich Timm vor einem Albatros-Doppeldecker in einer Flugzeughalle der FAE 1 in Altenburg.[20]

---

[20] Nachlass Paul und Otto Timm, Museumsarchiv Treptow.

Erich Timm im Albatros-Doppeldecker in Altenburg/Thüringen.[21]

Während seiner aktiven Militärzeit war *Erich Timm* als Militärflieger eingesetzt und war dann von November 1917 bis November 1918 im Baubüro der Bauabteilung der Königlichen-Preußischen- Artillerie-Fliegerschule II als Techniker tätig.
Im Zweiten Weltkrieg war er aus gesundheitlichen Gründen ausgemustert worden.

Vom 10. Februar bis 31. Dezember 1919 war *Erich Timm* Bauführer in der Allgemeinen Betriebsabteilung der Flugzeugmeisterei Adlershof beschäftigt. Er war zuständig für die Bauleitung von Neubauten, Abrechnungen und Abrechnungszeichnungen auf dem Flugplatz Johannisthal. Die Flugzeugmeisterei wurde nach Kriegsende aufgelöst. Die Bezeichnung seiner Dienststelle war das „Reichsverwertungsamt, Zweigstelle Berlin, NL Adlershof (Flugzeugmeisterei), Technischer Betrieb".

---

[21] Nachlass Paul und Otto Timm, Museumsarchiv Treptow.

Unbekannte Person vermutlich mit Betty Timm in den 20er Jahren in einem „Grade-Wagen"
des Flugzeugführers und Konstrukteurs Hans Grade (1879-1946), der Baureihe F2, Baujahr
evtl. 1924. Diese Wagen hatten noch Karbid-Beleuchtung, zu erkennen an den
Gasentwicklern auf den Trittbrett hinten.

Erich Timm mit seiner Frau Betty Anna (1907-1982) ebenfalls in einem „Grade-Wagen".[22]

---

[22] Nachlass Paul und Otto Timm, Museumsarchiv Treptow.

Nach dem Ersten Weltkrieg arbeitete *Erich Timm* als Architekt. 1928 kaufte er sich ein Grundstück in Köpenick, Straße 973 (ab 8.3.35 Umbenennung der Straße in Wohlauerstraße 19 und 1938 Zuordnung zum Bezirk Treptow, OT Bohnsdorf).

Von 1935-1939 war er als Architekt bei der Gagfah AG dann bis 1941 in der in der Gemeinnützigen Siedlungs- und Wohnungsbau-Gesellschaft Berlin. Noch im gleichen Jahr wurde er Oberinspektor im "Der Reichskommissar für den sozialen Wohnungsbau" und wechselte bis 1943 als Sachbearbeiter in die Deutschen Akademie für Wohnungswesen e.V.

Von 1943-1945 arbeitete er wieder als Architekt in der "Bauhilfe der Deutschen Arbeitsfront GmbH".

Bereits 14. Mai 1945 wurde er durch den Bürgermeister von Bohnsdorf zum Leiter des Bauamtes eingesetzt.

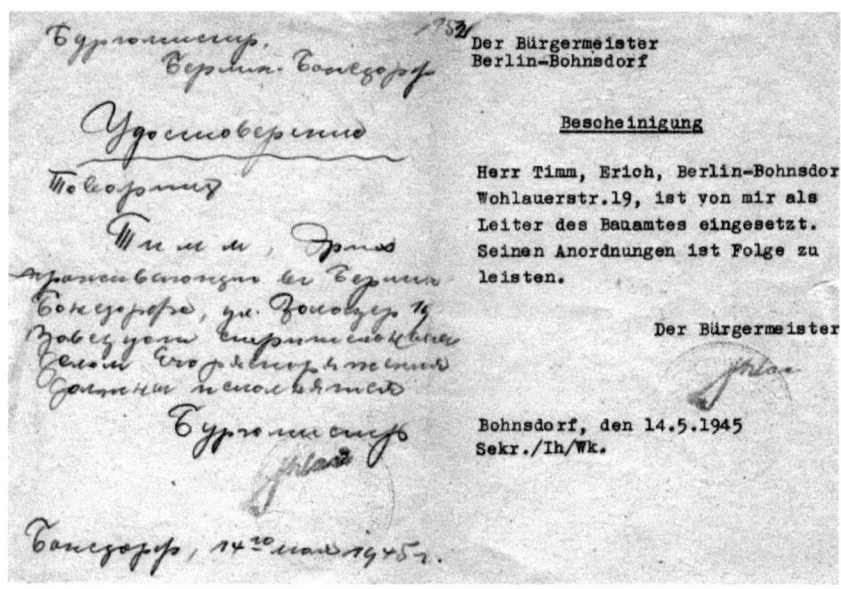

Legitimation zum Leiter des Bauamtes Bohnsdorf.[23]

---

[23] Nachlass Paul und Otto Timm, Museumsarchiv Treptow.

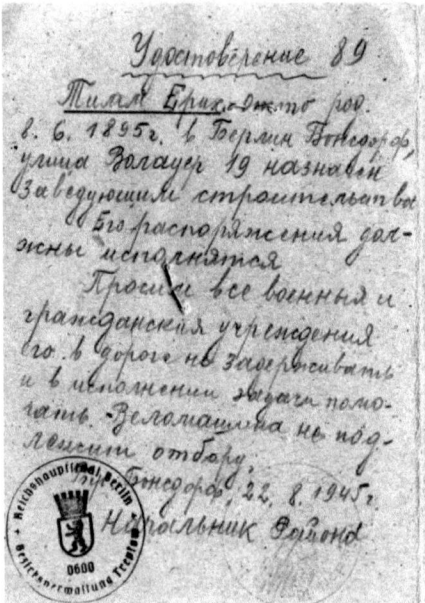

Herr

T i m m, Erich-Otto
Berlin-Bohnsdorf, Wohlaue.
Str.19, geb. 8.Juni 1895

ist als Leiter des Bauamtes eingesetzt. Seinen Anordnungen ist
Folge zu leisten.
Wir bitten die Militärbehörden
und Zivilverwaltungen den oben
Genannten ungehindert passieren
zu lassen und ihm bei der Durch-
führung seiner Aufgaben behilf-
lich zu sein.

Sein Fahrrad bzw.Fahrzeug ist ihm
zu belassen.

Berlin-Bohnsdorf,den 22.Aug.1945
Hi/Bg
Der Bezirksvorsteher

*Eine erweiterte Legitimation für Erich Timm
als Leiter des Bauamtes vom Bezirksvorsteher
für Militärbehörden und Zivilverwaltungen.*[24]

Erich Timm starb während eines Kuraufenthaltes am Tegernsee. Er wurde auf dem
Friedhof in Berlin-Bohnsdorf beerdigt und 1967 in die Familiengrabstätte auf dem
Friedhof in Berlin-Neukölln umgebettet.

---

[24] Nachlass Paul und Otto Timm, Museumsarchiv Treptow.

Personenregister

Quellen

Brigitte Grünewald, Berlin (Tochter von Erich Timm)
Deutsches Patent- und Markenamt, 80331 München
Museum Treptow, Leiterin Barbara Zibler

Zeitungen und Periodika

Berliner Zeitung, B.Z. am Mittag 1909-1911, Axel Springer-Verlag AG, INFOPOOL,
  Axel- Springer-Str. 65, 10888 Berlin
Flugsport vom 7. Januar 1910, Heft 1, Seite 16
Teltower Kreisnachrichten vom 29. Juli 1910 und 16. Juli 1911
Zeitschrift für Flugtechnik und Motorluftschiffahrt, Erster Jahrgang 1910, Seite 44

Literatur

Kauther, Alexander: Dokumentenreihe zum Flugplatz Johannisthal 1909-1914, Heft 5
   "Das Küken vom alten Startplatz" Aus dem Leben von Bruno Hanuschke, 2008
Kauther, Alexander: Dokumentenreihe zum Flugplatz Johannisthal 1909-1914, Heft 2
   „Das Restaurant und Bruchmuseum Franz Tolinski", 2008
Schmitt, Günter: "Als die Oldtimer flogen. Die Geschichte des Flugplatzes
   Johannisthal", Seiten 37-40
Supf, Peter: "Das Buch der deutschen Fluggeschichte", Verlagsanstalt Hermann
   Klemm AG Berlin 1935, Band I, Seiten 278, 458

Bildnachweis

Die Fotoquellen sind in den Fußnoten vermerkt. Ist das nicht der Fall, so befinden
sich die Fotos in der Sammlung von Alexander Kauther.